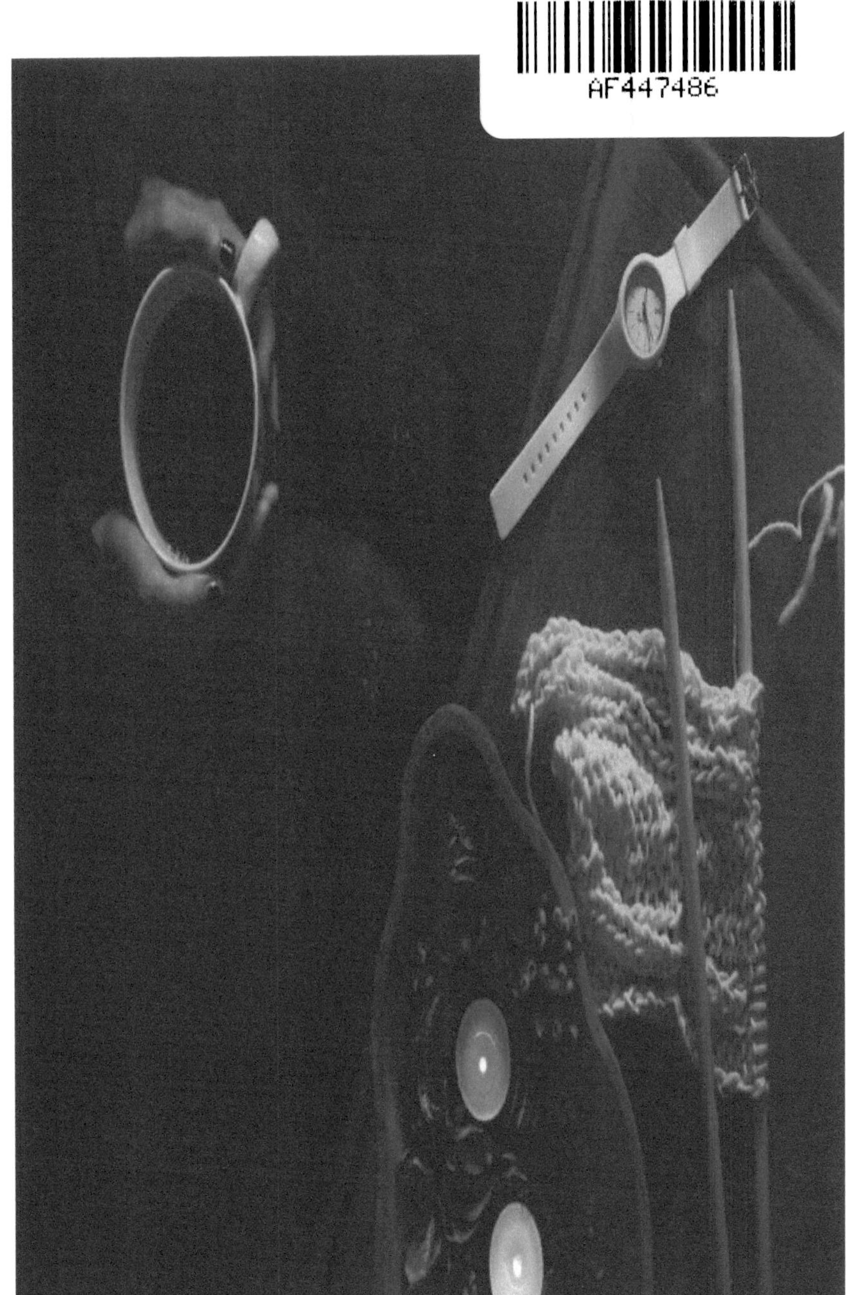

Tejiendo Viejas Sensaciones

Francisco Antonio Camacho

1

Ya paso el tiempo, si, este concepto describe el nacimiento y la muerte de las cosas. Nací como alegría de mis padres y hasta hoy, estoy mirando como lentamente se pone el sol y como muere este día, donde la oscuridad de la noche cubre el obrar del hombre, donde la gloria y el pecado de este, fue ocultada tantas e infinita veces que ya no me asombra.

Parte de mi tiempo es una espera, como el guerrero que batió tantas batallas y colgando los motivos de la lucha tan solo espera el último camino por explorar.

Los hijos ya partieron detrás de sus quimeras, cada uno en sus campos de batallas conquistando sus realizaciones.

Vuelven de vez en cuando con sus polluelos, como quien visitan el lugar y origen de sus historias. Quedamos entre las oraciones del inicio y finalización de un día, viendo como nuestros cuerpos se apagan lentamente.

Tan solo esperamos.

LA ESPERA

Uno no puede estar en nuestra existencia terrena en una total pasividad y aquel que lo hace seguro que tiene una vida vegetativa y aun así, en el vegetal hay movimiento.

En el ser humano, en los animales para su propia existencia, hay apetitos que busca ser saciados y estos movilizan a buscar los objetos.

En el mundo animal es el instinto, mientras que en el hombre cuando quiere algo para sí, lo piensa, lo planifica, ve los riesgos y lo que tiene que hacer para alcanzar lo que desea.

El objeto deseado es la construcción mental, ahí nace la idea, los valores que en ella tiene, ahí nace el sueño y un gozo anticipado en la contemplación del objeto a alcanzar y ahí nace el movimiento y la espera.

Puede estar haciendo otras cosas, pero no puede estar haciendo nada, relacionado con el objeto que espera, siempre hay un movimiento en la que me lleva hacia el objeto deseado, aunque la distancia en el tiempo objetivo y subjetivo, el espacio en la que se desarrolla el movimiento interior y exterior, todo ello conforma la espera.

Saber esperar es un arte, porque el que espera sabe y tiene una seguridad interna, que lo que espera, llegara.

Ahí la espera se nutre de la fe. Si, la fe, aquel acto interior del ser humano en la que uno ya está viendo con anticipación de alguna manera, como quien mira través de un espejo, no la perfección sino una imagen interior de lo que quiere, de lo que vendrá y lo lanza como un proyecto a alcanzar en su propia existencia, otros lo pone en manos de Dios, de la Energía Universal, otros confiando en leyes de atracción creada por la mente misma, otros en la confianza de sí mismo a través de un voluntarioso y constante esfuerzo humano.

La fe lo usamos en los aspectos más simple de la vida y lo tenemos internalizado. Subimos a taxi y le decimos al chofer, voy a calle San Luis al 4800, y nos sentamos tranquilos, confiados, de que llegaremos al lugar indicado. Trabajamos y estamos seguros de que al fin de mes tendremos la paga mensual.

De esta forma, todo lo que proyectamos alcanzar, la lanzamos con la fe de conseguirlo y nos da una paz hasta que llega

Esta actitud de pedir y orientar todo nuestro deseo, soñar que lo vamos a tener y dejarlo en la manos de la vida, de Dios, de la Energía, como tú quieras llamarla y como niño, seguir con nuestras tareas cotidiana, sabiendo que llegara en su momento oportuno, pero en esta espera no hay un acto dubitativo que me lleve a plantear si ocurrirá o no.

Todo ser humano sueña con algo concreto, este sueño nace de una necesidad, de una pobreza de algo que no lo tiene, y toda su existencia se prepara, realiza ese vacío existencial, haciendo un lugar en su vida para poder recibir.

Santo Tomas de Aquino tenía una frase muy cierta, "todo lo que se recibe, se recibe al modo del recipiente", si proyecto y sueño con recibir algo en un futuro, el objeto deseado y lanzado a las manos de la vida, tiene que ser: bueno, real, espiritual, concreto, satisfactorio, necesario y ajustada a la naturaleza del que desea.

Algunas veces he pedido a Dios, lo hice desde un estado de euforia, otras de un estado de desolación y tristeza. Resulta que estos estados anímicos nunca me permitieron ver la realidad en la que estaba viviendo, resultando ser que lo que pedía no era necesario, verdadero y bueno para mi vida.

Cuán importante es saber esperar, saber qué cosa pedir y cómo hacerlo, más cuando uno llega a un estado de la vida en la que ya lo alcanzó todo, ya crio los hijos y están grandes.

La vida te dio el título de abuelo. En otras circunstancias del Viejo Sabio, Viejo Gruñón, Viejo etc. etc., así todos los títulos que el ser humano quiera poner a las distintas circunstancias de la vida.

También esta actitud de espera es la que determina o identifica con los valores del ser humano, "dime lo que espera y te diré quien eres".

Algunos que ya cree en su íntimo sentido de la vida, que ya no tiene nada que esperar, tan solo espera el último viaje.

Quizás ya conoció todo lo que él, en su existencia deseaba conocer. Los seres Humanos no estamos para conocer todo y para ser todo. Cada uno sabe en su alma que es lo que quiere y que espera de la vida.

Y la espera es la compañera infaltable de la fe, pero lo que le da condimento y sentido, lo que le da la razón y la armonía es el amor. Yo espero lo que quiero y la seguridad interna que lo que espero llegara, me lo da la fe.

Estas tres actitudes humanas centrales de su naturaleza, como la esperanza, la fe, y el amor es el motor que mueve toda sus realizaciones y lo plenifica. Al conseguir lo que proyecta cuando llega a su existencia esa tención existencial interna de la espera queda plena, la fe y la espera desaparece, tan solo queda el objeto de su deseo realizado en el amor, en el querer y el tener lo que necesitaba. En esta paz el orar, cantar, bailar, trabajar etc, adquiere otro sentido.

Si no hay amor, no hay armonía, no hay paz, no hay gozo previo a la espera. El que espera con fe de alguna forma ya está gozando como un acto intrínseco de su naturaleza, de lo que no tiene, pero lo contempla.

Pero creo que también los animales tienen estas características. Estuve observando a mi gatita, cuando ella quiere salir a la cochera, que es la parte de adelante de casa, se sienta frente a la puerta, y espera.

Si estamos ahí, en el comedor tomando mate, rasguña la puerta para hacerse notar y acto seguido nos mira.

Sigue sentada frente a la puerta y espera que uno habrá la puerta para ella poder salir.

Le resulta necesario el cambio de ambiente, ahí ella puede ver lo que pasa por la calle, los otros gatos y perros y se entretiene mirando o persiguiendo a otros gatos.

Ya paso el día.
Ya llego la oscuridad
Se mudaron los brillantes colores
Pintaron de negro el cielo
Y para que no parezca
Un eterno duelo,
Cambiaron las hermosas flores
Por el silencio de una bella noche,
Apareció lentamente la luna y el ensueño,
Y sin cuenta las Estrellas.
Y sin cuenta cuando duermo,
Pero cuando las miro tan bellas
Veo tu rostro.
Y a pesar de que no se porque
A pesar de que desconozco,
En estos lugares estoy Rodando.
Aunque miro tus ojos,
Sueño con volver, volver a tu lado.
Y dejar estos lugares y penando.
Sin saber porque estoy lejos de ti Padre
porque aquí ando.

El hombre está llamado a proyectar lo que quiere tener, es una proyección activa donde construye las posibilidades y a espera la concreción de lo soñado y esto es un acto creador, en esto es semejante a Dios.

El acto de pensar, proyectar y crear es la semejanza que en Dios es un acto eterno, ya que en el no hay tiempo.

El tiempo es creación del hombre, nace de la observación de cómo transcurre su vida y la dividió en el día y la noche. Organizo sus actividades y cuando cazar, cuando cultivar, y dividió su existencia en tiempos primordiales como el tiempo de nacer, el de crecer y realizarse y el de la despedida ya que ningún mortal se escapa a estos acontecimientos.

La espera habla de la contingencia de su existencia entrelazada en el tiempo y el no saber los imprevistos, desea tener pero el día y la hora de lo que sueña lo hace finito, lo llena de ansiedad y angustia.

La fe puede calmar esa angustia, porque sabe que lo va a tener, pero la espera no calma la ansiedad, la espera en lo que lo tiene en un proceso activo de lo que sueña, hasta tanto uno tiene lo que quiere tener.

La única receta para la ansiedad es el amor entrelazado en un acto de fe que en la vida no hay casualidad sino causalidad, uno causa saciar una necesidad que me hace construir, proyectar y esperar, como asi también mi necesidad es causada por la ausencia de algo que apetezco, y aunque nos cueste creer pero todo lo que se espera está atado a la voluntad de una fuerza superior a nuestros alcances, lo divino. El acto de creer pasa a ser un acto trascendental y nos da la claridad para ver lo bueno y lo malo, entre lo provechoso y lo perjudicial del objeto que espero.

Dios te da lo que tú necesitas, pero no siempre lo que tú quieres. Quizás lo que tú quieres no es necesario o te distraerías de los principales objetivos que tienes que conseguir y para eso viniste o para eso vives.

Si no hay fe y amor, si sacamos esta realidad de nuestra existencia, la espera es una escuela de ansiedad y angustia, un estado de un lento sufrimiento rozando a la locura.

Son poquísimas las personas que nacieron con la certeza de lo que tenía que hacer en esta vida. Las respuestas de:

¿Quién soy?

¿Para qué estoy?

¿Dónde estoy?

¿A dónde tengo que ir?

¿Qué es lo que tengo que hacer?

Otros van pasando por la vida erráticos, sin la necesidad de buscar un sentido en la vida, sin interrogantes, sin plantear en sus propias vidas, sin meritar que es lo que más le ayudaría en su cotidiano vivir.

Nadie ha nacido con uno padres sabios que los orientaran, menos en esta sociedad que abandona a los hijos, por perseguir sus sueños particulares sin pensar en la familia, o por razones económicas los padres tienen que trabajar todo el dia.

Y a golpes y porrazos aprendemos algo hasta que llega el momento en que la naturaleza misma cierra el telón de la actuación.

Y entre el telón que va cayendo y cuando se apaga hasta las últimas luces de este teatro, que hemos creado con nuestras actuaciones, hay un tiempo, hay una última espera.

Tu que ya pisas los setenta u ochenta, que estas a merced de los nietos, o te dedicas a viajar con la compañera de tu vida.

Que es lo que esperas?

Sentimientos

En la web

Ya mi carne
Abro mis ojos,
Y las aves en mi mango,
Alegres ante el sol,
Entre cascadas de trinos,
Acompañan al rey que se levanta,
Ya recogió la hermosa manta,
Conque abrigaba mi noche,
Y la luna se llevó mis oraciones
Y deseos de amar.
Pero estas como luz,
En mi plegaria del nuevo día,
Estas en mi vida,
Pero no estas.
Eres la primera oración del día,
Y sin conocerte,
Tan solo a mi mente,
Llega tu presencia.
Y pido a mi buen ángel,
Que te abrace y te salude
De mi parte.
No sé con qué ciencia,
Explicar esta demencia,
De estar y no estar con vos.

Eres lo que sueño,
Eres la fe y lo que espero,
De que algún día,
Tu vida y la mía nos la harán
Cruzar, mi buen Dios.

Las palabras mueren

Ante ti,
mueren todas las palabras,
Que de tu belleza hablan,
Se agotaron los conceptos,
Hasta parecen vanas,
En un concurso de expresiones,
Sin llegar a ti,
Lisonja vagas,
Pero aquel que tan solo
Quiere un momento,
Dejar la carne relajada,
Se esmera,
lanza cual pegajosa carnada.
Para tener a su presa atrapada,
Belleza que se vuelve cosa,
Belleza del momento,
Estandarte de victoria, usada.
Mujer, libre eres, y la más bella,
Que se haya quedado ante mí,
Y perdido en contemplación,
Ante ti, mi mirada,
¿Para qué expresar lo que lo que la mayoría
Declara?,
Grito de testosterona al aire lanzada.
Me quedo tan solo ante ti,
En el umbral de la palabra,
No puedo cruzar tu existencia,
Si tú no me abres,
La puerta y me dejes entrar,

En tu corazón, en tu alma.
Forzar situación,
Tu vida, quedara dañada.
Tendría que ser muy egoísta,
Sin meritar las consecuencias,
Me quedo en el umbral de tu existencia,
Mi corazón, mis sueños y mi palabra.

Déjate crucificar

En el rio de mi vida,
Pongo tu bella imagen,
Las sensaciones,
De alegría no vividas,
Mis miradas, en las tuyas perdidas.
¿Cómo puedo perderme así
En Tu imagen?
Y quedo como mirando a la distancia,
Si por gracia divina
Te pudiese encontrar.
Y busco rostros,
Te busco en los rostros
De otras gentes,
Midiendo facciones,
Y sonrisas,
Que calan tan a fondo
Como tu mirada
Dulce, virginal, escondida,
De mis deseos, por encontrarte,
Y los reproches,

Cotidiano por no hallarte.
Dejo nuestras estaturas,
En el rio de mi vida,
Habladas,
Pero nunca comparadas,
Ni medida,
Tú y yo,
No tuvimos el encuentro.
Dejo en el rio
Este amor sin razón,
No lo espere,
Pero me atravesó,
La encumbrada inteligencia,
Y la sinrazón de no entender
El sentido,
Y por tu ausencia,
Como heridas en mi corazón,
Es por donde se escapan
Mis oraciones
Y suben al cielo,
Me dijo mi Padre,
Hijo, todo amor humano,
Es la moneda, de la entrega,
Con la que paga el corazón,
En una cara, está el gozo,
Y en su reverso,
El sacrificio y el dolor.
No hay remedio,
Tu hermano,
Y lo dejaron en una cruz
Clavado por entero,
Y no hay amor tan eterno

Como también su dolor.

En este silencio
En este silencio
De palabras,
Como si el abecedario
Murió en el hastío,
Sin ser usado
Y estar en el olvido.
Corazones errados
Corazones perdidos,
¿Es tan grande el ego
Que mato el dialogo?
¿Y el encuentro de
Dos desconocidos?
Que sin conocerse cara a cara
Lo sepultaste sin razones al olvido.
Cuál es tu temor?
Que tiene tu ser entenebrecido?
Por más barreras que haya,
Las naturales que me separan
De mi vecino,
Ante el pequeño ruido,
Sale el saludo cotidiano,
Y eso que no lo miro.
El ego es así,
Cuando uno no es útil,
Cuando el amor en amistad
O con más profundos
Compromisos,
No llega, como
Yo Lo He Querido,
Asesino de la magia
Del encuentro,

De las miradas tiernas,
De la aceptación,
De la sonrisa,
Del perdón,
Del no te preocupes
Camino a tu lado.
Si estas sufriendo
Yo te escucho,
Tienes mi oído.
El Camino De La Vida

En su profunda mirada,
Que encierra balbuceos y llantos,
Una luz tierna y nueva
Conjura de mil espanto,
Ante la sonrisa y la mirada
Las primeras palabras y pasos,
Era la esperada
El testimonio del
Amor recibido,
Abrieron su pecho
Dando sentido sus latidos
Cual melodía en su vida
Era la fe y la esperanza,
Del amor en carne
Que la vida había hecho.
Luz en el horizonte,
Razón de eternas alegrías,
Con sonoros mama y papa.
Tejieron en el tiempo,
Las experiencias vividas

Los sentimientos y Aflicciones
Rostro fresco
Rostro dulce
Marcado por líneas vivas,
El mapa de su historia.
Y este hermoso tesoro
Compañero de los pasos
Aventurero.
Ante la geografía que invitaba
Ser descubierta.
Sacando ante sus miedos.
Las fuerzas,
De sonrisas, miradas dulces,
Arrumacos del tesoro del amor
Que en su corazón guardaba.

Eres

Eres el fantasma
Que cronos me regalo,
No sé en qué momento,
Vino venus, te dibujo
Cual halo etéreo,
En mi conciencia, en mi carne
Cuando miro el cielo,
en el firmamento.
Te busco
Y en las comparaciones
De los cuerpo mortales
No hay analogía de la bella

Imagen que llevo adentro.
Camino y siento tus pasos
Pisando mí sombra
Tan cerca y tan distante
Como un sueño,
Al que uno no termina de despertar.
Ni ante Jesús
El Santísimo
Ni ante Jesús
En el sacramento,
Dejo pegadas mis oraciones,
En el horizonte de tu alma.
Sé que estas acampando por ahí.
Tan solo Él sabe el momento.
Te amo de una forma tan extraña.

Si Miro

Si, miro tu perfil,
Miro tus costados.
Miro desde lo alto,
Donde los ángeles te contemplan
Miro desde lo bajo,
Para contemplar tu grandeza.
Y la carne mezquina,
Se queda con el momento.
Te miro y remiro,
De idas
De vueltas,
Y golpeó como mendigo

A tus puertas.
Todo esto te dice algo?

Estoy así

Hoy estoy así,
A modo pensamiento,
Buscando las razones
Por las que no estás aquí.
Tan solo
Tengo una tenue presencia de imágenes
Que recorren hasta mi niñez
Y traspasa el vientre de mi madre
Y llega
el momento en que nací
Por primera vez.
Si, Dios escribe nuestra vida,
Y nos hace viajar
Por momentos contradictorios.
¿Cuándo tendré la feliz
Experiencia de encontrarte?
¿Cuantas veces estaré
Atravesado por tu presencia para
Poder aprender a amar?
Parece que en este tiempo de aprendizaje,
Tú eres mi lección.

Las Palabras

Unas palabras tarareadas en distintos compases
Puede ser una canción.
Una palabra lanzada en el aire
Con la mirada hacia el cielo,
Puede ser un deseo,
Que algo llueva
Del cielo,
Una petición a Dios.
Una palabra lanzada con manos
Recogidas,
Puede ser una oración,
La palabra es mágica,
Es transformación
La palabra es instrumento,
Para llegar a vos.
Que desaparece,
Cuando estoy frente a ti,
Queda la mirada,
Tu sonrisa,
Cuando tú llegas a mí,
El deseo de ser uno en dos.
Puede ser sigiloso como una brisa,
Las palabras se lanzan en un espacio,
El amor nos hace uno,
Cuando Tu estas aquí,
Y yo estoy en vos.
Y a pesar del amor
Una palabra, Te mata,
Te parte en dos,
Te secan los ojos,
Cuando se secan las lágrimas,

De la soledad que en el alma anida
Cuando por un tiempo estoy sin vos.
La vida, esta vestida,
De amor y de palabras,
En tu ausencia y con vos,
Simples, y mágicas
Y asesinas cuando la mueve
El desamor.

Estoy

Estoy detrás de tus
Huellas,
Que dejas en la tierra
Fresca, y blanda.
Siguiéndote en cada pisada,
Por la llanura,
Por zonas áridas,
Y cuando la fuerza de tu ser,
Te lleva por las escarpadas,
Mis pasos en tus pasos,
Sin que sientas mi presencia,
No es necesario,
Suficiente, con el
Desgarro de tus ausencias.

Más como el alma
Ciega de lo sensible,
Tan solo la más profunda intuición,

Como un gozo indescriptible,
Como el susurro que trae la suave briza,
Haga latir tu corazón,
Suavemente, sin demencia.
Es que estoy en el reverso
De tu existencia,
Amándote,
Y en la huella de
Tus pisadas, mi presencia.
Con el amor,
En las noches más oscura,
Donde una lagrima se revela,
Buscando el sentido
De muchas ausencias.
Estoy ahí,
Envuelto en tu ser,
Envuelto en mil abrazos,
Y no me quedo en tu geografía,
Te penetro y hago de ti, mi nido.
Y te traspaso.
Soy la ola embravecida,
Rugiendo, alocada,
Que muere serena,
Donde mi ser descansa,
Tú, mis lejanas playas,

.

La serpiente

Había una vez una serpiente que andaba en el bosque, sigilosamente, imperceptible entre el follaje, concentrada en su búsqueda e imaginando previamente el almuerzo, fue interrumpida por una voz que la llamaba. Molesta por tal interrupción, giro la cabeza al lugar donde venía la vos y no encontró a nadie.

Se relajó, retomo de nuevo su concentración cuando de repente "hey torpe, tu cabezota, por aquí" Ya molesta como teniendo los colmillos llenos, se dio vuelta velozmente y nada. "hey cabezota por que no seguís tu mirada por el lomo de tu cuerpo" Y al girarse, vio que al seguir su mirada por el lomo, con asombro que era su propia cola la que en forma irónica le hablaba.

Dime una cosa ¿Por qué vas siempre adelante?

La cabeza indignada, mascullando por dentro, y desconcertada, ante la pregunta tan desubicada. Mira, ejemm... creo que si soy la cabeza, debería ir adelante, no en el medio ni atrás.

No te das cuenta que tengo ojos, para ver a donde vamos, tengo mi nariz para percibir el olor de mi presa y así cazarla y con mis dientes... bueno "no me interesa si no sabe para qué es" arremetió, y ya que eres tan despierta, que tienes tú.

La cola medio irritada por la actitud altanera de la cabeza, le contesta, mira por si no te diste cuenta, gracias a mi es que avanzas hasta la presa y gracias a mi puedes cazar y para tu sapiensa te informo que gracias a mi sobrevivimos.

JajajajajaJ, mira vos, no sabía que vos comías, hasta donde yo sé, yo soy la que caso, yo la que paralizo a la presa con mi veneno, yo soy la que como. Tu tan solo largas los desechos.

La cola, jajajajajajaj, mira voz, eso es que realmente crees, es que no te diste cuenta. Rápidamente la cola se enrosco en el tronco de un árbol y le dijo a la cabeza, "bueno ahora avanza, veee a atrapar a tu presa, vaya por ahí o por allá, atrape, atrape, el bosque es suyo"

La cabeza arremetió de un empujón hacia delante, pero le resultó imposible generar algún movimiento, lo intento varias veces con más fuerza aun quedando agotada.

Con tristeza, y humillada en su creencia que ella era la parte imprescindible, dijo "de acuerdo, tu ganas, ven conmigo porque te necesito entonces, tenemos que comer"

La cabeza seguía asombrada, nunca se había dado cuenta de ese detalle.

Como quien da una estocada, y preparándose para el golpe final, dijo la cola, "por qué no me dejas a mí, ir adelante"

Con una cara de pocos amigos, pero como un excelente dramaturgo, sonrió y con mirada dulce asintió la propuesta...

Desde ahora la cola iba adelante y la cabeza arrastrada por el movimiento ciego y frenético, iba detrás, hasta que pudo esta avistar a un conejo.

Gritándole a la cola, dijo, mira un conejo.

Adonde dijo la cola, a tu derecha por ahí, y la cola arremetió raudamente, y dijo por favor indícame bien. A tú derecha pero ten cuidado, Contesto la cabeza.

Siguió la cola corriendo y cuando menos se dio cuenta ya estaba al borde de un desfiladero de gran profundidad, cayendo la serpiente en el mismo, muriendo al instante.

Muchas veces en la vida nos encontramos en el trabajo, en la casa o en el matrimonio mismo, con formas distintas de ser. Pueden ser antagónicas, pero eso no quiere decir que sean defectos. Lo importante es aprender a respetar las características de los otros.

Aprender a valorar que los otros con sus peculiaridades son valiosos en mi vida. Con el respeto y el dialogo tengo que crecer en esas actitudes humanas distintas y ver cómo me enriquece en mi faz humana.

Mirando las estrellas

Tan solo mirar las estrellas.

Si en esa eterna bastedad me perdía y Dios al que no sé porque mi ser no puede dejar de pensar y no es que sea religioso de ir y cumplir con un credo, pero es tan palpable cuando sin hacer nada te deja estar y sentir que viajas, te das cuentas que por alguna razón existen las cosas y por alguna razón o causa estamos acá.

Muchos han escrito del amor y de Dios y hay millones de libros sobre ese tema pero unos pocos lo vivieron como realidad necesaria de su existencia.

Pero siempre se escribió de los aspectos de lo que no debe ser Dios, ya por temor de las herejías y por no caer en ella con algunas afirmaciones, los grandes intelectuales de la Iglesia, uno de ellos Santo Tomas de Aquino, marco la pautas de lo que es Dios y de lo que no se debe decir o afirmar de El.

Pero al final de sus días en su lecho de muerte tuvo una contemplación divina, Dios le dio las gracias de que lo conozca cara a cara, después de esta experiencia pidió a su hermano de Orden que quemara todo sus escritos.

Pero este hermano por temor que Tomas de Aquino lo hiciera, retiro y escondió todas sus obras.

Que paso?

Tan solo nosotros los seres humanos en nuestra capacidad natural miramos lo divino como si alguien mira a través de un espejo, y lo que el espejo me da es una mera imagen que se puede aproximar a la realidad pero no es la realidad.

Dios no puede caber en nuestra natural Inteligencia, podemos navegar en su presencia pero la experiencia es por donde andamos, pero Él es Eterno.

Para mi es tan solos esa Soberana Energía que mueve por que él se mueve, es un eterno movimiento. Lo que conocemos de la vida es eso, un movimiento que va del nacimiento a la muerte en esta vida.

Debe ser terrorífico para aquel que no tiene una visión más amplia de las cosas, ya que al llegar a los umbrales de la muerte ese temor de dejar todo y el deseo de aferrarse a las experiencia de lo vivido y no querer partir.

Pero la expresión "esto es mío" es tan solo un auto engaño.

¿Quién se llevó sus propiedades y todo lo que consiguió o atesoro?

El cielo y la tierra dos realidades distintas en la que uno está llamado a aprender a vivir este tiempo desde el nacimiento hasta el gran paso.

Como dice la frase latina, "nacimiento y muerte del cielo baja", somos hijos del movimiento y no nos podemos alejar de este conocimiento.

Pero aunque parezca muy pesimista, es que en este espacio nacimiento y muerte Dios tejió la existencia del hombre con el Amor.

Y como esta realidad salió del ser de Dios es tan difícil humanamente comprender y sobre él también se escribió tanto como también el hombre murió por amor en una cruz.

Ahora bien si no existiera la fe y la esperanza, es muy difícil comprender esto de amar y entregar y morir en la cruz.

Y es que cuando uno ama, cuando una madre ama a sus hijos y se entrega a ellos, el sacrificio que ella hace parecería inhumano si sacáramos el objeto al que va destinado.

Si el amor sería una creación del hombre, este sería el trabajo para alcanzar alguna satisfacción, porque el ego daría sentido a todos sus movimientos.

Pescando en mi pasado.

Cuando tenía 14 años, mis padres habían comprado una pequeña radio grabador en la que podíamos escuchar música y grabar las que se reproducían en la radio.

Generalmente venia del colegio de educación técnica y pasaba directo a la parroquia donde nos encontrábamos con mis contados amigos, para luego volver a casa.

Mi merienda cena era a las hs. 20:00, para luego tomar el radio grabador, subía a la terraza de casa cuando el tiempo lo permitía y mientras escuchaba música clásica, gusto que lo aprendí de don Sixto Doroteo Molina, que era el profesor de apoyo en física y matemáticas, cuando me llevabas las materia a rendir o tenía que aprobar algún examen.

En esa época cuando nos reuníamos en casa de algún amigo cada uno llevaba alguna veces para compartir el disco favorito o andábamos con algunos, bajo el brazo: de los Beatles, The Rolling Stones y otras larga duración que se titulaba Mac Pato.

Un día al pasar por frente de su casa, me vio y me dijo que escuchas pacollo, él sabía que me decía Paco, pero él me rebautizo como pacollo, y en realidad no me molesto.

Me dijo ven te voy hacer escuchar lo que a mí me gusta. Entre a su casa y saco un disco de Vivaldi, y perfectamente limpio lo puso y a mis costados puso unos parlante mediano de su equipo, y me dijo mira ese sonido es del violín, escúchalo.

Y durante 15 minutos me concentre en el violín cuya melodía parecía que bailaba en el ambiente, tenía gracias y vida, manifestaba un estado de ánimo, quizás fue la del músico cuando la creo. De a poco como si fuese un juego, me hizo conocer la música clásica.

Y con un casset de música clásica que había grabado de Radio Nacional, la única radio que pasaba este estilo de música, me ponía a escuchar, acostado en las apretadas que dividían los distintos ambientes de mi casa.

Con el cielo estrellado mi mente viajaba mirando el espacio más allá de nuestra galaxia.

Buscaba el sentido de las cosas, de los cuerpos, del espacio, de la vida, la sustentabilidad de lo existente más allá de lo perecedero.

La muerte me era familiar y necesaria para encontrar razones a los cambios naturales y humano.

Siempre ante el conocimiento de un Ser que lo sustenta todo y lo ordena, se escapaba de mi mente la comprensión, en su totalidad, para tan corta edad.

No me planteaba tanto la fe, me importaba la existencia misma, que queda después de lo perecedero.

Resulta que mi primer razonamiento es cuando tenía dos lápices para dibujo técnico, hb y b1, y al terminarlo por el uso, necesitaba comprar uno y ahí se hizo la luz, los lápices habían desaparecido y lo que quedaba viviendo en mí, el conocimiento de los lápices, su figura, su marca y la densidad del grafito, hb o b1.

Quedo la idea y la necesidad de adquirir otro para seguir con mis dibujos técnicos, pero también descubrí que hay dos mundo, uno lo que nos muestra la existencia y el otro es la idea, la construcción interior a partir de las cosas sensibles que nos da el mundo material, el mundo de las ideas, de las palabras, ahí nada se consume, nada se transmuta, ahí un lápiz hb o b1 es eterno, no se consume.

Si uno viviera en ese mundo no tendría la necesidad de comprar más lápices, pero este mundo es una creación mía, una creación a partir de la realidad, de mis vivencias.

Tenía que pasar 8 años más tardes, cuando estudie filosofía en el Seminario Mayor de la Plata, para corroborar estos pensamientos en otros que ya habían experimentado estas vivencias y habían llegado a estas conclusiones hace 4000 años antes de Cristo.

La idea de que no era un loco que pensaba tonterías, que para muchos no tenía sentido, pero si le daba a mi soledad las ganas de seguir rumiando, y masticando ideas.

Ver tanta similitud de mis ideas con las que estudiaba realmente era un glorioso descubrimiento, el pensar que no estaba solo y que otros ya habían caminado por estas experiencias.

Pero me impactaba, al estar en la terraza de mi casa, ese espacio basto, eterno, inalcanzable, que se expandía, y por más que la imaginación de mí ser quería llegar al principio de toda luz y realidad, este nunca aparecía.

Era como mi pensamiento estaba ahí asombrado por tanta eternidad en cuanto al espacio y el tiempo.

Debajo de mis pies, arriba en mi cabeza, al frente o al costado y a medida que cambiaba de posición esa experiencia de eternidad se renovaba y era a la vez descubrimiento.

Estaba ahí en el espacio, con gigantesco soles o estrellas, comparada con mi sol y mi tierra, era menor que un grano de arena.

Y el ser humano,

¿Qué tamaño tiene ante tanto espacio? y ¿y tantos volúmenes que viajaban de un lugar a otros, pero todos en un orden?

Pensar que somos ínfimos ante tanta bastedad, y nos creemos dueño de todo y nos levantamos del sopor de la noche, unos y otros cotidianamente.

Retumbaba como acompasado tambores en mi mente y como si a falta de cordura y apreciación de la realidad, parecía que este interrogante y su respuesta están tan solo en manos del Ser.

Y el hombre

¿Qué es para ti, que tanto lo cuidas?

Sí, mi tiempo en la terraza era todo un viaje, era toda una escuela en la que buscaba respuestas y había tanto por recibir.

Todo estaba sostenido como por un mantel de energía que ningún planeta o estrella se caía a un abismo.

Todo en armonía y movimientos, y los que se atraían uno a otros se volvían polvo para luego formarse por atracción en nuevas galaxias y nuevas estrellas, planetas y el caos era la antesala de algo que se creaba, el caos tenía sentido de un cambio, del advenimiento de lo nuevo, pero para la inteligencia del hombre no es comprensible poder contemplarlo en un solo acto, ya que este caos y esta creación exceden al tiempo del hombre.

Por ejemplo: una mosca tiene una semana de vida, nunca podrá ver mi crecimiento, tan solo el de una semana y notara muy pocos cambios o nada.

Mi primera conclusión fue "Dios, El Ser" es energía en movimiento, porque a mi apreciación todo está en movimiento, dentro del hombre y fuera de este.

Me imaginaba que si había alguien quien amasaba gran cantidad de energía fuera de mi alcance humano y creaba nuevas realidades, como mi madre cuando hacia bollos, separaba harina, agua, sal, los chicharrones de cerdos o de vaca, y estas energías los amasaba y sobaba con paciencia y amor y hacia panes y bollos riquísimos.

Creo que hay un ser de tal dimensión que debe ser el único, el que amasa energías y forma. Como es tan inmenso como que no tuviera dimensión, nosotros como las moscas no percibimos a simple vista sus movimientos, pero el amasa y hace nuevos universos, nuevas estrellas y planetas.

Pero me costaba comprender, nosotros tan pequeños, y en nuestros cuerpos también hay virus, parásitos, pequeños organismos, como los ácaros, que se alimentan de los desechos de nuestra piel, nacen, crecen, se aparean y mueren.

¿Cuál es la experiencia de ellos al ser tan pequeños?

Ellos no nos pueden percibir en nuestra corporalidad, pero vive en nosotros y se realizan y su mundo es nuestros cuerpos.

Y nosotros?

¿Qué somos, ante tal inmensidad, con sueños de eternidad y deseo de conquistarlo todo?

Una vez vi un video de una señora que decía lo siguiente: "si nosotros estamos en la playa y de repente deseamos tener un poco de agua del mar que estamos contemplando y la ponemos en un recipiente. Y al volver con el recipiente a casa, el agua en el recipiente,

¿Deja de ser agua de mar?

No, sigue siendo agua de mar en un recipiente, bueno así es el hombre ante tal inmensidad, es un pedacito de ese ser que amasa y hace nuevas cosas"

Digamos somos y pedacito de Dios encerrado en este cuerpo.

Si eso era mi primera apreciación y conclusión que llegaba en mis viajes por las estrellas. Un pedazo de cielo en la tierra.

Tan solo en este viaje, con esta nave diseñada para que esta energía pueda adaptarse a la tierra y en la que aprendió a vivir en ella logrando descifrar sus misterio y valerse de ello para poder progresar con el tiempo.

Si el tiempo es la primera experiencia de lo finito y limitado, del devenir, del cambio, del caos y de la unidad.

Aprendimos a sentir, a experimentar las distintas emociones y sensaciones, aprendimos a crear ideas y conceptos, nos desprendimos y tomamos distancia de lo que nos rodea, creamos el tiempo y el fuego.

Si estar en la terraza de mi casa contemplando las estrellas era toda una escuela, de vez en cuando se sentía a lo lejos unos disparos, los soldados contra los guerrilleros se mataban y cada uno daba su vida por unas ideas, que no llevaban a la vida, más bien la falta de respeto por el pensar distinto los llevaba a la guerra y anularse mutuamente.

Dejamos de ser seres de las estrellas y viajante eternos cuando no compartimos y respetamos porque es el primer paso de una experiencia que nos califica que se llama amor.

Nos olvidamos el origen y entramos en la jungla diaria de la naturaleza de este cuerpo o móvil que nos permite adaptarnos pero cuando creemos que la única realidad es lo que sentimos el horizonte se pone sombrío, miramos la tierra y el cielo desaparece, nos olvidamos que esta vida es una escuela en donde tenemos que aprender primeramente a respetarnos y compartir, luego el amar, luego el ver la energía divina en nosotros y en el prójimo. Tan solo una hermosa escuela en la que nos enseña que somos dueños de nosotros mismos y somos libres como nuestro creador.

Si el término "creador" un concepto muy difícil de aceptar hoy en día, en la que la vida del hombre en esta tierra tan solo le muestra que lo importante es sentir y tener.

Caminamos con la mirada gacha, y aceptamos la muerte cuando el dolor nos tiene arrinconado, como una vía de escape.

¿Y el cielo?

Los que estudian el cielo, creo que son profundamente religioso, que experiencia tan hermosa de navegar por esa eternidad.

Te contemplo.

Tan solo te contemplo
En la inmensidad de tu presencia
Y ese espacio es tu templo
El principio de tu Eterna Ciencia.

Y miramos hacia afuera,
Merodeando como el animal
En su selva,
Esperando el momento oportuno
Para cazar su presa.

¿Porque no levantan la mirada?

Pues tienes tus manos llenas,
Providentes y preparadas
Y bien puesta esta tu mesa,
De lo que necesitamos,

Colmadas nuestras necesidades,

Colmadas nuestras apetencias,
Para no preocuparnos en nada.
Tan solo navegar en tu presencia.

Levantar la mirada
Para algunos, escéptica experiencia
Fuera de la necesidad alocada
Que raya con la demencia,
Salto al vacío,
En mis fuerzas no me fio,
Cuando tú eres la presencia.
Que calma el ser, sentido,
De mi existencia.

Te Cruzas

Y cruzas desde lejos
Tú figura,
De donde eres,
Y haces sentir en mí ser
Una fisura
Te cuelas a la distancia,
Tu imagen,
Y destruye del ego
Su armadura.
Desnudo mi ser
Ante ti.
Y a manotazos de
Aojado,
Busco la palabra
Justa.
Como describir lo que produces
En mí.

Tan solo caminas,
Suave y distante,
Curvas en movimientos
Elegantes,
Cambio el latido del corazón,
Atrapaste mi mirada,
Sin que te lo hayas propuesto.
¿Cuál es la semilla
Que sembraste en ella?
Que con el correr del tiempo

Crece en ella el encanto,
Que al alma da sosiego,
Y la cura del espanto,
Que le produce la soledad.
Ya sea la frescura de una sonrisa,
O una lagrima
Que se desprende y humedece
Su rostro,
Ya por dolor o ya por gozo,
Estruja mi corazón
Su rostro,
O lo libera en un bello canto
Alegría de mi corazón.
Su lozana y dulce su mirada
Tan cerca y distante su
Naturaleza.
Todo sabe a EVA
Cuantas veces caí de rodillas
Ante tus pies Padre
Para dar las respectivas
Gracias por lo que nos regalaste,
Y las palabras quedan muertas
Para describir tanta hermosura,
Y cabalga mi alma
Por la profundidad y la distancia
No llegando a la totalidad
De su esencia,
Crepita mi alma
Cuando pasa cerca,
Y mi ser ansía su presencia
Cuando pasa distante y tan altiva.

Estas ahí

Estas ahí
Dando movimientos y sentido
Prendiendo todos los dispositivos
Para que la carne tenga sentido
Pobre de mí.
Lo que cuesta ordenar
Tantas sensaciones
Darle a las emociones
El justo contenido
Si hay que sentir
La razón de lo sentido
No la sin razón
Del oscuro camino
Donde la carne me lleva
Del sentir por sentir
No va a buen puerto
Sin saber vivir.
Porque los sentidos
Me lleva como único
Camino donde está el delirio
De las más pequeñas experiencias
Hasta que el sentir es una
Desavenencia.
Sin ninguna ciencia
Que el vivir para sentir
Hay si la muerte se cruza
Me quedaría en esas vibraciones
No sé si mi alma
En tal ventura

Llegaría a gozar de tu dulzura
No sé si llegaría al umbral
De tu puerta.
Viviría eternamente
Por esta desolada tierra
Siguiendo el crepitar de
Los mortales que tienen
Mis mismas experiencias
En su festín de sentidos
Y siguiendo su vibrar
Como yo lo había vivido.
No sé si tiene sentido

No sé si tiene sentido
Escribir también del amor
Hay bibliotecas llenas
De los que creyeron
Haberlo tenido
Pero pasaron el tiempo
Y el hombre sigue
Mascullando dolor
Por no bajar la idea
Y darle el justo sentido
En el corazón
No sé cuándo no se respetan
No sé cuándo levantan
Barricadas de la sin razón
Porque hay pensamiento
Roza
Porque hay pensamiento marrón
Y con cada color

Crucifico hasta la misma
Crucifixión
Para que hablar tanto
Escribir tanto de este concepto
Que más que pensamiento
Es acción
Que mueve todo el ser
Y sus primeros pasos
Son el respeto y la aceptación

Corría el tiempo, esta creación del hombre ante el movimiento de las cosas, entre el nacimiento y su muerte.

Aparte de estar contemplando las estrellas, estudiaba en una escuela técnica, la carrera de mecánico de motores siclo Otho.

Otho es el nombre de un señor alemán que había creado el motor de cuatros tiempo y funcionaba con combustible.

Cuando volvía del colegio pasaba por la casa de una vecina, que me había enloquecido, así como dicen los chicos ahora, "literal", con toda la fuerza de la palabra.

Para el colmo su padre tenía un taller en la que se arreglaba motos y/o autos, era la escusa más perfecta de ayudar a don Alberto para estar cerca de ella.

Era un enamoramiento que me perdía y mi madre pobre mi Santa Madre, porque su aflicción era que el tiempo para estudiar lo estaba en el taller con tal de conversar algo con esta Bella Señorita y el momento ideal era cuando su padre salía a buscar los repuestos que necesitaba para arreglar los encargos que habían quedado en el taller.

Si el enamoramiento es esa ebullición interior que su objeto nos subyuga y donde tan solo existe la pasión y el querer, todos estos movimientos en nuestra existencia es casi ciego, el asunto es que uno quiere estar y poseer lo que lo enamora.

Sentía y seguía ese movimiento interno del sentir, mi cerebro no pensaba era ella lo primero lo primero lo primero, no había una segunda opción y a pesar de las reprimenda de mi madre, de palabra, con varillas, con el cinto de mi padre o con el látigo que le regalo mi abuelo que de vez en cuando venia del campo y le regalaba estos artefactos pedagógico, que mi madre perdía porque por arte de magia me encargaba de hacerlo desaparecer.

Si el enamoramiento es la pasión más el querer, es una combinación que si uno con el tiempo logra bajar la cabeza hasta el centro del pecho para darle algún sentido a estos huracanes aprendemos a conocernos a nosotros mismos y ganamos en sabiduría.

El querer es más intelectual, es algo que quiero poseer pero en algunos casos se diferencia del objeto del querer y eso hace a la búsqueda del ser humano. El querer también puede circunscribir hacia un ser querido mas no amado.

Yo puedo querer a alguien por que en la medida que me satisfaga mis necesidades y me responde yo lo quiero y cuando lo tengo siente el peso de mi Ego.

El objeto está a disposición y responde a todas las expectativa del ego. Hay relaciones que de común acuerdo llegan a un pacto tácito en las relaciones, en la medida que haya una mutua satisfacción de necesidades todo puede ir bien. Algunas veces no es necesaria o importante la convivencia, tan solo el encuentro se da por el apetito o la atracción creada por las necesidades mutuas y lo que importa es pasarla bien el momento a que ellos le dedican.

¿Y el amor?

Pero que puedo escribir de El si hay millones de libros y temas que lo aborda con una profundidad intelectual asombrosa.

Pero pareciera que sirve para hacer un viaje o ir a un lugar que es muy importante, a un lugar que es la síntesis más preciada que anhela el corazón del hombre, también pareciera que sirve para cambiar de lugar, de trabajo etc.

Creo que es algo importante y el camino más corto para la realización humana, porque una vez un joven pregunto:

Maestro que tengo que hacer para entrar en el cielo o cual es la ley más perfecta, el camino más corto para ir a él.

Si el joven no pensaba en cosas de negocio del cotidiano vivir, él quería ir al cielo, al lugar más excelso donde el alma descansa eternamente en la casa del Padre, el cielo era eso estar con su creador.

Jesús le contesto:

Amar a Dios sobre todas las cosas

Amar al prójimo como a nosotros mismos.

En esto se resumen todas las leyes humanas y religiosas "Amar"

Eres amor
No eres
Lo que realmente eres,
Cuando mis ojos en ti posan
Y mato en mí ser
El olvido,
No sé qué halito divino
El tenerte me hace padecer
Que mi corazón y mi mente
No puede parir la cordura
De lo que ante ti
Tengo por vivido.
Eres la hermosa creatura
Y miro al cielo
En su eterna anchura
Dando gracias y buscando el lugar
Donde vino tu alma
Para en estos lugares de penumbra
Acá nacer.

Y el hilo dorado de tu ser,
El hilo dorado de tus energías,
Traspasa y se entrecruzan
Con las mías,
Tus pensamientos
En los míos
Llenan mis manos vacías,
Ahí estas,
Esa tensión mágica,
De dos vidas,
Con sus movimientos
Habiendo presencia
Sin estar en el momento
Aunque mi carne está lejos
Pero tus estas,
En mis pensamientos.

Lo que si experimento es que el amor tiene la correspondencia de la otra persona y es la presencia del tú la que da sentido la vida que corre en mi existencia.

La importancia es lo que tú me produces y el lugar que yo permito que estés en mi porque eres el punto de partida en que mi conciencia percibe y acepta que eres algo bueno en mí y para mí.

Tus dolores.
Y me duele,
Tus dolores,
Cuando tu pies
Húmedos por tus lágrimas
Que no puedes contener,

En tu valle donde caminas,
Lleno de pérdidas,
Dejando tu alma herida,
Donde el dolor es el ejercicio
Que fortalece el alma,
Y el trabajo de hacer volar
Hacia el infinito
Las imágenes de lo que amamos.
Y cada estrella tiene su nombre.
Que en una tarde serena
Miramos,
Con la esperanza de volvernos a ver.
Ya no están el o los cuerpos
En la geografía de mi alma,
Pero todo revive
Como energía fresca
Que me hablan y
Sabe a presencia e imágenes
De lo que compartimos.
Y la silenciosa oración
Espérame, espérame
Pronto estaré contigo.

El tiempo y tú.
Con la carne cansada
De cargar los años,
De vidas pasadas,
Las que oculte,
Bajo un pesado paño,
Los momentos que devele,
Para encontrar sentido
Al presente que me hace daño

Cúmulos de vibraciones de lo vivido,
Y el corazón dispuesto
A que el rio de la vida siga pasando,
A seguir con las manecillas del reloj
Amando.

La gravedad va modificando el rostro,
Y tengo cicatrices por los otros
Que me lanzaron
A grandes batalla.
Y las que voy dando,
Y mi alma soporta
Y acá estoy puesto,
A estar en el justo horario
Donde mi mirada posa,
Guardando los minutos,
Los que valen la pena
Los que te hacen vivir el presente
Con tan solo con recordarlo
Esa impronta de tu ser

Mi bella mujer,
Que en mi rostro has dibujado,
Una rayuela con líneas y cuadrados
Donde tú ser salta y juega,
Y yo me dejo jugar
Jugar a tu lado.
Como renunciar a ti,
Si mi alma y mi corazón
A ti está atado.

En la Espera
Acá estoy esperando,
Las ideas más fantásticas,
Que la luz venga a mi conciencia,
Y la oscuridad huya
En franca retirada,
Estoy a la espera
De mi bella musa,
Resplandeciente batiendo en el espacio
Sus hermosas alas.
Acá estoy desnudo y pobre
Necesitado de ideas,
No bastan los libros y la experiencia
Si no tienes esa luz y esa ciencia
Que construyen con las letras
Las más bellas vivencias,
Como el que guarda su tesoro
En su cofre.
Acá estoy en silencio,
Que como diestro di seccionador,
Que a la res divide, sin desprecio,
Así es cortado a los lejos,
Por los trinos,
Que con su algarabía
Las aves en las copas de los árboles,
En distintas notas trinan
Sin haber tomado sorbo de ningún vino.
Canta y de copa, en copa danzan,
Dando a mi tiempo el sentido,
Saliendo del pasado muerto
Y resucitando al presente de la vida

Y pasas
Tan solo pasas,
Tanta belleza en tan tierna edad,
De los sueños e ideales,
Y ese entramado existencial.
Tan solo pasas,
Y mi alma en danza
Tan solo cruje.
Algunas veces pienso,
Es el tiempo,
En que ya perdí
Mis sueños de amor alocado.
Tan solo estoy en mi recuerdo,
De los bueyes y en mi vida, mi arado.
Ya no siembro nada, ni bailo el ritual
Sagrado de lo cosechado,
Tan solo nada espero,
Nada pues, tu pasas a mi lado.
Cruje mi alma,
Tanto abismo en el tiempo
Para estar enamorado.
Pasas como si mi adn cambiaras,
Con tan solo posar suave,
Y discreta en tu persona, mi mirada.
Tan solo pasas,
Y el grito en la distancia
De los años muertos,
Como quien espera,
La briza suave,
En tiempo lozanos y frescos,
Tejiendo sensaciones
Mientras envejezco,

En el recuerdo de mil emociones
En los tiempos que cazaba momentos.

A la tarde
En la luz tenue del sol,
En el ocaso, ya no arde,
El señor de la luz bajo los brazos,
Ya no abraza a las flores, ni a los árboles,
Pinta de rojo el poniente,
Anunciando que volverá más tarde.
Mis fuerzas se relajan,
La esperanza se abre,
Y en la noche se siembra la semilla
Y se agradece al Padre,
Y al amanecer la flor de la fe ilumina
El camino en el fragor de una nueva lucha
Y en la vida que se ama y arde
El calor tiene sentido
Mientras el corazón late.
Depende de lo que queramos
Depende de los sueños y del hambre
De lo que necesitamos,
Vibra la fibra de la carne,
Y en la carretera de los segundo,
Donde entregamos amor
Esperando que nos amen,
Esa reciprocidad de sentimientos
Donde el yo encuentran al tu
En una mirada,
Como quien uno busca a alguien,
No un cualquiera,

Alguien que nos redima,
Alguien que no nos hiera,
Con la indiferencia del desamor
Al caer la tarde.
El sol pinta de rojo el cielo,
Su calor ya no arde.
Volví en mis oraciones
A sembrar la semilla de la esperanza.
Lo veré más tarde

Entre oraciones
Compungido el corazón
El dolor rompió lo que contenía
Sensaciones, sentimientos,
Escondidos, ahora lanzados
Por los aires,
Entre oraciones unas lágrimas
Se desvaneció la calma,
Eran tantas que ahogaban el alma.
Tantos gritos al cielo,
Tan silenciosos sin ser oído
¿Alguien la escucho? no, nadie,
Es el alma lanzada al firmamento,
Tan solo ella ante su Padre.
Cuanta fe y esperanza amasada,
Con tanta devoción,
La mano de sus hijos aprieta,
En la lejanía,
Mientras reza desea vida,
Y la vida de sus hijos
Encerrada en una oración,
Amor sublime,
Amor que redime,
Amor que glorifica,
Cual bella canción,

Que levanta hasta los muertos,
Que caminan sin sentido,
Tan solo el latido,
Aunque sea los últimos
El Padre los cuenta,

Tan solo los latidos
Del amor que ilumina
Tal solo los latidos en el camino.
Me habla de vos, que sabes,
La cantidad exacta para cada vida
Tu Padre eres el contador.

Suspiros a la distancia

Un suspiro profundo
Como quien toma todo el aire
Dejando al mundo vacío,
Tu alma dentro de mí,
Las primeras sensaciones de ti,
Son el motor de mis suspiros,
Y en esta ausencia y taciturno,
Salgo como un vagabundo
a buscar la paz,
y mato a mi yo iracundo.
Esa locura desde esa distancia,
En la que es tu estancia,
Y en mi tiempo no llego,
Y mi corazón viajero
Se lanza a ti como llegando,
Es mi presencia de mi alma
Y vuelve penando,
Por no estar ante tu presencia,
Por no conseguir los medios,
Para rozar los límites de tu mundo,
Y he aquí vagabundo,
En mi pobreza y sin calma,
Tal solo mis letras
Llegan a tus ojos,
Cuando en la soledad de
Mi cuarto las recito,
Como si mi corazón
Largara mis sentimientos al aire,
Para que lleguen a ti,

No midiendo distancia,
Tan solo golpea la ventana
De tu cuarto, tu estancia,
Y eh aquí mi humanidad
Atado a la labranza.
Mis pensamientos y mi sudor,
Se siembra en la tierra húmeda,
Momento en que explora el amor,
Testigo de tu presencia en
Esta bonanza.
Tú de sangre noble
Y yo simple peón,
Historia de vida
Comentada en el bodegón,
Donde me ven
Como muero, murió
Esta uva fresca y transformada,

Como sin ti, mi alma
Ama en el silencio y a la distancia
Y tú largas esperanzas,
Para ser, y lograr la calma,
Sabes que te amo,
Y tú, en tu estancia.

El Despertar
Abro los ojos,
La oscuridad enciende
Ante mí la vida,
Como en la noche, los duendes,
Corriera lentamente la cortina,
Y entra la luz,
Entra suavemente el día,
Es una nueva oportunidad,
Ante mis ojos, ante la mira,
De lazar todo el esfuerzo,
Toda mi alma toda mía,
Quedo atrás mis yerros,
Mis sufrimientos,
Y lo que me oprimía,
Abro los ojos,
Y el trinar hecho melodía,
La vida en libertad vuela
Sin preocupaciones
Y a porfía.
Y nadie caerá en tierra
Sin que el Ser se lo permita.
Mi humanidad en lucha,
Acumula las tensiones,
Ya sean pocas o muchas,
Todo tiene en mí la medida
Ni más ni menos en mi existencia,
Sacando angustias, demonios y demencia
Cuando la paz está en fuga,
Y la tranquilidad es una pequeña nota,
Una fusa,
Y la tolerancia es la medida

Que cada bolsillo soporta,
No en todos es la misma,
Son distintos los fantasmas,
De las pre ocupaciones,
Y dejamos que nos opriman.
Quizás sea necesario
Para dar lo mejor de cada uno,
Si las cuerdas de mi guitarra no se tensan
No podría hacer música,
Los pájaros comen, vuela y trinan,
Cada uno con su melodía,
Y cantan mientras vuelan
Y cantan esperando su comida.
Sin reclamar nada en el día
El secreto está en el canto,
En la gratitud, en la algarabía,
Sinónimo de paz y sonrisas,
De que siempre tendremos,
El pan de cada día.
Pero siempre estoy buscando
Cataplasma humana,
Para calmar el calor
De esta lucha ardua,
Mi recipiente está lleno
Y el alma en dolor,
Porque en esta lucha y el ardor
De preocupaciones vanas,
No somos pájaros, ni la sombra
Y porque no somos,
Todo se desborda,
Como una hoja llena de letras
Nada nuevo en ella entra,

Ni la palabra amor.
Tengo que mirar,
Tengo que tirar,
Lo que no sirve
En esta locura diaria,
La falta de fe cuando veo
El mezquino pan del día,
Algunas veces juega a la escondida,
En la mano de mi Padre
Que amaso por mí,
Y para la ceguera del quien no sabe
Ya que la luz en su razón
No cabe,
No está vacío para recibir,
La presencia de mi Padre,
Para el sano vivir,
Porque lo que hay que comer
El descanso y el dormir
De la mano de El sale.

A estas alturas.

En estas altura de la vida,
Cuando la carne esta serena,
Los músculos en caída,
Pero no es la edad,
Dicen que es la gravedad
Que para abajo todo tira,
En estas altura de la vida
Pienso más,
Y todo corre,
Y pasan los demás,
Pero no tú, en mi alma estás escrita,

Eres mis letras y lo que escribo,
Sin quedarme en las bajas
Sensaciones del ombligo.
Eres la rúbrica de mis memorias,
En mi corazón, lo distintivo,
Eso que le dicen amor,

Ese torbellino y suave vibración,
Tú la imagen, mi vieja pasión,
Esa canción,
Que cantamos los dos,
Pero siempre es nueva,
Tú presencia en mí,
Movimiento de dulzura y dolor,
Cuando estamos bajo el fragor,
De esa incomprensión,
De la luz que buscamos,
Los dos no atamos,
A la razón,
Que iluminaba los sentidos,
Siempre mostrando el camino
Donde arribamos pisar la tierra,
Desde el corazón,
Donde los distinto
Era el trabajo de la aceptación.
Amor bonito,
Amor del paso al paso,
Amor del beso al suave abrazo,
Donde mi existencia se entrega
Todo a vos.
Amor de lecturas,
Amor de artesanía y hechuras,
Para que el camino siempre me lleve a vos.
Amor de imágenes y plegarias,
Amor en la suela de tus sandalias,
Para que mi vida viaje contigo
Por donde tú vayas,
Amor de líneas rectas,
Amor de líneas curvas,

Amor de fruta madura,
Cuando las letras
Hablan de los dos.
Amor de rascacielos,
Por más que construya,
Y me eleve,
Nunca es suficiente para llegar
A tu altura,
Estrella que mi vista mira,
Mas eres el cielo,
La contemplación pura,
La silenciosa oración,
Aunque sea profunda y breve,
Tu eres mi hermosa devoción.

Si decido caminar

Si decido caminar
Se puede hacer de distinto modos,
Siempre con la mirada en alto
La fuerza interior sobre todo,
Para el alma animar,
Sacar el espanto,
De lo pesado que puede ser el andar.

Si decido caminar,
Todo lo que pesa
Paso a paso voy a sacar,

Sentir como la briza
Mi rostro besa,
Tirare lo que no sirve,
Con la mirada al frente altiva y en paz
No mirare el pasado, dejarlo todo atrás,
En estos camino una sola vez
Se vive,
Siempre hay vivencias nuevas
Para conocer y experimentar.
Pero tú en mi vida
Siempre acompaña y te quedas,
Eres lo divino que en mi anida,
Por donde mis pasos,
Viajan o en algún paisaje se queda,
Ya que soy tu vaso,
Tú el elixir de mis mejores vivencias,
La cordura de mis demencias,
La fortaleza, el firme vástago,
Donde mi esperanza afirmo,
La tierna seguridad de lo que viene,
Me lanza y nadie me detiene,
Elevando mi ser a ti atino.
Compañera de mis fuerzas
Donde la coyunda tiene firmeza,
Imagen femenina de lo divino,
El almuerzo sobre la mesa,
Y tantas cosa que compartimos,
Amor y destreza,
En el paso a paso de la vida,

Si salgo a caminar en mi geografía,

Y camino adentro lo que vivo,
Es que tu mi compañía,
Luz, arma, y energía,
Y precisión donde apuntar.
Eres mi latitud
Y mi meridiano,
La ubicación exacta de mi andar.

Viajando en el tiempo
Viajando en cielo profundo,
Surcando más de los setenta,
Deje las guerras
Y los gritos iracundos,
Para doblegar la existencia,
Tantos sentimientos, e intensiones
Eternas.
Deseo de súper héroe,
Dispuesto a vencer
Todas las guerras.
Tanta pasión y amor

En noches ya muertas.
Heraldo de ideales rotos,
Para encontrarte en mi mundo,
Tuve que quedar desarmado,
Y dejar en tierra mi escudo,
Y en la oración salgo esperando
Eres lo que no veo,
Eres de mi corazón
La fe probada a fuego
Mi vida y la tuya que esperan.
Y mueve mis huesos,
Mi alma y la tuya se traspasan
En un sagrado encuentro,
Es que ahora son otras las vivencias,
Otros los momentos.
Mis fuerzas que a partir de mis cincuenta,
En la manecilla de mi reloj
El tiempo diluyó,
Es la vuelta de mi vida,
Esas bisagras que para la pasión,
Es un silencio y ausencia,
Donde el abecedario es nuevo,
Nada cuenta,
Es la espera en sí misma,
Es el cambio de visión,
Es quedar siego de cosas muertas,
Es nacer después de haber nacido,
Y quedaron los sentimientos,
Atado a un suspiro,
La fragilidad de mis huesos,
La carne que cae al piso,
La tierra tan solo atrae,

Como llamándote lentamente,
Y como sabueso,
Busco y varias veces miro,
Cuando oteaba el panorama,
Seguro y altivo,
Mis gafas subsidiaria de la visión
Que se quedó en un pliegue de lo vivido.
Mis padres,
Mis seres queridos,
Los ato a mis oraciones
Para que no caigan en el olvido,
Y esa loca esperanza,
Del encuentro,
Cuando mi carne tiesa
Mirada a cielo abierto,
Pierda la firmeza
Ante la tierra, alimento.